AF548332

GILL
Lyrik

Kurt Guske

AFFENÄRGER

KURT GUSKE

AFFENÄRGER

Tiergedichte

Gill-Lyrik
TB 31

KURT GUSKE
AFFENÄRGER
Tiergedichte

Originalausgabe
1.Auflage: Juli 2023

Titelbild:
Petra Nolting

Buchsatz:
Gill-Media

Coverdesign:
Renee Rott

GILL-VERLAG Heinrich Heikamp
Neusser Straße 75, 41564 Kaarst
Verkehrsnummer: 95833
www.gill-verlag.de

TB: ISBN 978-3-926800-62-6
Ebook: ISBN 978-3-926800-63-3

Druck und Vertrieb im Buchhandel:
Books on Demand, Norderstedt

Inhaltsverzeichnis

Ephemeroptera, die Eintagsfliege

Mona hat man die kleine Fliege genannt,
sie bekam ihr Leben am Waldesrand.
Die Kleine wurde geliebt von so vielen
Waldbewohnern, aber nicht zum Spielen.
Achten musste sie auf Vögel und Spinnen,
doch sie konnte immer stets entrinnen.
Als der Abend kam und ihr Ende nahte,
war es ein Sperling der Mona jagte.
Mona entkam unter einem Stück Rinde,
enttäuscht flog der Spatz davon geschwinde.
Nach kurzer Zeit hat Mona sich hervorgetraut,
da hat eine Spinne ihr Netz gebaut.
Aber auch hier ist Mona schlau entkommen,
hat das Schimpfen der Spinne noch vernommen:
Wetten, dass ich dich am nächsten Morgen kriege?

Wette nicht, denn ich bin eine Eintagsfliege.

Die Amöbe

Es lebte eine Frau Amöbe,
frei im Wasser in der Schwebe.
Aber weil sie keinen Mann bekam,
mit der Zellteilung sie begann.
Schon sind Nachkommen in der Schwebe,
von der lieben Frau Amöbe.

Ausflug von Floh Klaus

Es sprach zum Didi, sein Floh Klaus,
„Heute gehe ich einmal aus.
Christine kommt mit Pudel Bo,
dann gehts gemeinsam in den Zoo.“
„Gut“, sagt Didi, „aber nur bis zehn,
dann muss ich zu einer Lesung geh`n.“
„OK mein Lieber, geht schon klar,
um zehn Uhr bin ich wieder da.“
Als Christine mit Bo angekommen,
Klaus auf ihn gleich Platz genommen
Bo und er sind nun vereint,
und auch die Sonne fröhlich scheint.
Auf dem Weg mit Bo in den Zoo,
ein fremder Hund zwickt Bo sehr roh.
Sofort greifen Klaus und Christine ein,
Bo beißt, Christine schimpft ungemein.
Der Hund jault auf und nimmt Reißaus,
flitzt geplagt in das nächste Haus.
Ungestört gehen sie nun weiter,
zwei Tiere, ein Mensch, bleiben heiter.
Doch weil Christine nur aufs Handy schaut,
bellt unser Bo ganz plötzlich laut.
Christine bleibt auch sofort stehen,
dadurch ist ihr nichts geschehen.
Ein Raser fuhr einfach durch bei Ampel rot,
doch Bo ist wachsam, sonst wäre Christine tot.
Zum Dank bekommt Bo eine große Wurst
und frisches Wasser gegen den Durst.
Danach klingt der Tag ganz friedlich aus,
abends ist Klaus pünktlich zu Haus.

Wurmi, der Regenwurm

Er lebte sehr fröhlich in Opas Garten
und lockert ihm den Pflanzenboden.
Ängstlich war er nur vor Opas Spaten
und Palle von den Rasensoden.
Palle, ein Maulwurf mit starken Händen,
türmt auf der Wiese seine Hügel auf.
Wurmis Leben würde er gern beenden,
aber der kommt ihm früh genug darauf.

Heut trifft Wurmi die Kriechi in Ehren,
sie wollen für den Nachwuchs sorgen.
Ja, auch Würmer müssen sich vermehren,
sie tun es nachts, still und verborgen.
Aber schon nach ein paar Wochen
sind die kleinen Würmer da.
Schnell haben Sie sich verkrochen,
wenn Palle in der Nähe war.

Die Würmer haben keine Augen,
auch Nasen, Ohren gibt es nicht.
Andere Sinne, die was taugen,
Wegweisung ihnen verspricht.
Wurmis Tastsinn und die Gravitation
führen die Würmer durch das Leben.
Kriechen durch die Erde ist Tradition,
nur selten Sie ins freie streben.

Wurmi will heut einmal an die Luft,
hinaus aus seiner Bodengruft.
Heut möchte er zwischen Gräserstängeln

sich im Freien friedlich schlängeln.
Huhn Emma, die auf der Wiese pickt,
hat den Wurmi gleich erblickt.
Wurmi riss aus ins nächste Loch,
Emma kriegt ihn trotzdem noch.

Mit Wurmis Hintern in ihrem Schnabel
zog sie ihn lang so wie ein Kabel.
Wurmi umklammerte eine Wurzel,
da kam der Retter, Hofhund Purzel.
Er bellte laut, es war famos,
vor Schreck ließ Emma Wurmi los.
Wurmi entkam, nur sein Hintern war platt,
dank Emma, dass sie sich so erschrocken hat.

Ulla, die Kuh

Sie steht auf der Weide und macht muh,
frisst Gras und Klee, kaut immerzu.
Wenn sie gefressen und fühlt sich satt,
sie einen gefüllten Euter hat.
Die Milch, die sich darin befindet,
wird dem Bauern gern gespendet.
Ulla, sie ist eine rotbunte Kuh,
und hat beim Fressen gern ihre Ruh.
Doch leider gibt es böse Buben,
Ergebnis schlechter Kinderstuben.
Besonders der Ruben war sehr gemein,
ihm fiel immer etwas Böses ein.
Mit Thomas, Max und der Heide,
war er oft auf Ullas Weide.
Wir werden die olle Kuh erschrecken
und uns dann am Bach verstecken.
Ich habe auch schon einen Plan,
in einer Stunde ist sie dran.

Gesagt, getan, zur Mittagszeit
warn die Schlingel schon bereit.
An einem Band ´nen großen Böller,
hielten sie `s für einen Knüller,
ihn der Ulla an den Schwanz zu binden,
Weiteres würde sich dann finden.
Sie kicherten schon voller Freude,
was nun geschieht, auf der Weide.
Ulla hatte sich hingelegt
und sich dösend kaum bewegt.
Als Ruben in ihrer Nähe stand

und den Böller am Schwanz er band.
Da steht Ulla auf, macht einen Haufen
auf den Böller, zum Haare raufen.
Ruben ist so fasziniert,
dass er auf den Haufen stiert.
Der Böller kracht und Au Backe,
Ruben voll von Ullas Kacke.

Die Jagd nach der Maus

Es steht eine Bank im Park allein,
umflort vom bleichen Monden Schein.
Der Wind singt leis ein Abendlied,
nur eine Wolke vor ihm flieht.
Auch einen Kauz hört man schaurig klagen,
die Kirchturmuhr lässt Zwölfe schlagen.
Auf der Wiese sich Nebelfetzen zeigen,
die dann langsam in die Höhe steigen.
Still ist´s im Park, nur leichtes Blätterrauschen,
als würde die Natur sich selbst belauschen.

Eine Eule sitzt schweigend im Geäst,
sie verschlief den Tag ganz tief und fest.
Aber nun in der Nacht, da will sie jagen
und lässt lautlos sich vom Winde tragen.
Mit scharfen Augen und super Gehör
hat sie für Mäuse feinstes Gespür.
Eine Rötelmaus wagte sich hinaus
und die Eule spähte sie gleich aus.
Ein lautloser Flug, ein schnelles Greifen,
die Rötelmaus wird nie mehr pfeifen.

Doch halt, am Baum löst sich ein morscher Ast,
hat der Eule einen Schlag verpasst.
Sie erschrickt und lässt das Mäuschen fallen,
Ast und Eule auf den Boden knallen.
Die Maus fiel weich auf trockenes Laub
und macht sich sofort aus dem Staub.
Die Eule tobt und schlägt mit den Flügeln,
kann ihre Wut kaum noch zügeln.

Die Maus hat sich schnell in ihr Loch verkrochen,
zwei Rippen verknackst, sonst nichts gebrochen.

Das Schicksal geht manchmal seltsame Wege,
mal verliert man und mal gibt es Siege.

Berti

Lieber Berti, die Zeit mit Dir war einfach schön,
es war herrlich mit Dir spazieren zu geh`n.
Du warst uns allen ein wunderbarer Freund,
nun nahmst Du Abschied, wir haben geweint.
Du hast in Deinem viel zu kurzen Leben
uns allen so viel Liebe gegeben.
Aber im Himmel hat man sich gedacht,
Du wärst für den Petrus wie gemacht.
Und der Himmel ist viel stärker als wir,
für die Zeit bei uns danken wir Dir.
Du musstest gehen über den Regenbogen
Berti, wir vergessen Dich nie, ungelogen.

Leo, die Kopflaus

„Pediculus humanus capitis“,
bei dem Namen krieg ich die Gastritis.
Also nenne ich die kleine Laus
„Leo, das Biest aus dem Nachbarhaus.“
Meine Anna hatte ihn mitgebracht,
jetzt quält er mich am Tag und in der Nacht.
So vieles habe ich schon ausprobiert,
jedes Mal hat er mich angeschmiert.
Und irgendwann sagte ich zu mir,
„ist nur der eine, lass ihn hier.“

Als ich neulich meinen Nachbarn traf,
der mir raubt oftmals den Schlaf.
Sagt der zu mir: „Heute wird es wohl etwas spät,
weil wieder eine Party bei uns ansteht.“
Und als wir beim Abschied uns kamen nah,
war Leo auf einmal nicht mehr da.
Komisch, ich glaube ich werde ihn vermissen.
Mein Nachbar, der hat nun Nissen,
und mit ihm auch seine Verwandtenschar,
weil unser Leo eine Leonie war.

Hofhund Purzel

Purzel ist ein schöner Mischlingshund,
wachsam, klug und immer bereit,
den Hof verteidigen und den Grund,
auch Mensch und Vieh zu jederzeit.
Aber nun, seit ein paar Tagen
war die Stimmung gar nicht gut.
Das Eier fehlten, war zu beklagen,
der Bauer schimpfte, geriet in Wut.

Da hatte Purzel den Gedanken
`ne Harke wäre bestimmt nicht schlecht.
Tritt der Dieb darauf, er käme ins Wanken
und eine Beule geschieht ihm recht.
Es geschah zwei Tage später,
morgens hört man einen Schrei.
Dieser kam von dem bösen Täter,
der jammernd lag im Eierbrei.

Der brave Purzel hat ihn gleich verbellt,
bis der Bauer kam angelaufen.
Endlich, Purzel hat den Dieb gestellt,
der vor Angst ganz laut am Schnaufen.
An seiner Stirn wächst eine Beule,
auch ein Auge wird wohl noch blau.
Der Harkenstiel war wie `ne Keule,
ja unser Purzel ist sehr schlau.

„Du bezahlst mir meinen Schaden“,
sagt der Bauer zu dem Mann.
„Sonst beißt Purzel in deine Waden,

auch die Polizei ruf ich an.“
„Ich habe kein Geld und keine Arbeit,
leb auf der Straße, bin allein.“
„Dann hast du ja genügend Freizeit,
kannst auf dem Hof mein Helfer sein.“
„Endlich habe auch ich einmal Glück im Leben,
Bauer, ich werde hier mein Bestes geben.“
So ward aus einem Dieb ein rechter Mann,
der froh ist, dass er arbeiten kann.

Fritz, der Floh

Fritz, der Floh, sehr sprunggewaltig,
erwischt den Fan von Rudi Altig.
Er zwickt ihn hier, er zwickt ihn dort,
der Arme kratzt sich immer fort.
Auch als er sitzt auf seinem Klo,
beißt der Fritz ihm in den Po.
Der Fan ist sauer, es ist kein Spaß,
lässt in die Wanne warmes Nass.
Er geht hinein und taucht unter,
doch Fritz springt vorher von ihm runter.
Er springt hin und er springt her
in ein Bett und freut sich sehr.
Dieses Bett, ihr könnt es ahnen,
war das Bett vom Fan und Maren.
Am andern Morgen arg zerstochen,
sind sie aus dem Bett gekrochen.
Salbe braucht`s jetzt und Puder sowieso,
um zu vernichten, den bösen Floh.
Doch dieser war schon längst entkommen,
ihr eigner Hund hat ihn mitgenommen.
Ja, so ein Floh ist ohne Frage
für den Mensch `ne große Plage.

PS: Rudi Altig war einer der größten
deutschen Radrennfahrer.

Der Silberfisch

Ein Silberfisch hielt sich für smart,
war früh morgens schon am Start.
Er wagte sich aus dem Versteck
und hat die Frau leicht erschreckt.
Ganz schnell rief sie nach ihrem Mann,
ob er da etwas machen kann.
„Kein Problem, ich kaufe eine Falle,
damit erwischen wir sie alle."

Am Nachmittag fuhr er zum Baufachmarkt
und die Falle unterm Schrank geparkt.
Jedoch, er war zu spät gefahren,
andre eher tätig waren.
Denn was die beiden nicht bedacht,
eine Spinne in der Nacht,
hat eiligst das kleine Tier gefressen,
die Falle konnten sie vergessen.

Affenärger

Ein Affe schreit im Urwald laut,
Bananen hat man ihm geklaut.
Das ist eine große Sauerei,
eine Ananas war auch dabei.
Der Dieb, er konnte sich verstecken,
um das geklaute Obst zu schlecken.
Aber was der Dieb hat nicht bedacht,
eine Schlange wurde wach gemacht.
Sie kriecht heran und züngelt leise,
freut sich auf die schöne Speise.
Der Dieb hat sie zu spät bemerkt,
die Schlange sich mit ihm gestärkt.

Und die Moral von der Geschicht‘:
Vergiss beim Klauen die Umgebung nicht.

Hase und Igel

Der Hase und der Igel,
eine uralte Mär.
Als ob es nichts Besseres gäbe,
wer der Schnellste wär.
Ich habe die zwei gesehen,
es war im Morgenrot.
Ein Unglück war geschehen,
denn beide waren tot.

Sie dienen nun als Nahrung
für allerlei Getier.
Sie hatten keine Ahnung
von Autos im Revier.
So ist nun mal das Leben:
Ganz schnell ists oft vorbei.
Drum lasst uns danach streben,
dass man kein Unfallopfer sei.

Gerd, das Pferd

Pferd Gerd auf einer Weide stand
und Pferdestuten prima fand.
Mit Ihnen jagt er um die Wette,
am liebsten hinter der Babette.
Auch heute ging die wilde Jagd
hinter Stuten ungefragt.
Doch plötzlich blieb Babette stehen,
Gerd, er hats zu spät gesehen,
unvermittelt und recht roh,
prallt er auf Babettes Po.
Babette erschrickt und keilt gleich aus,
trifft den Gerd, der nimmt Reißaus.
Auf Gerds Brust sieht man ruck zuck
von Babette den Hufabdruck.
Aber schon nach einer Stunde
traben sie vereint eine Runde.

Und die Moral von der Geschicht‘:
Aufpassen ist auch Pferdepflicht.

Die erste Liebe von Maxi Floh

Ein Hundefloh, noch jung an Jahren
und in der Liebe unerfahren,
eine Freundin war noch nicht gefunden,
springt auf Hund Bello seine Runden.
Pudel Bello, sein liebstes Tragetier,
trägt den Maxi gern von dort nach hier.
Ein Agreement hatten diese beiden,
sie konnten sich wohl ganz gut leiden.
Wenn Maxi, unser kleiner Floh,
Hunger hat, war Bello froh,
dass Maxi auf sein Herrchen sprang,
genüsslich dessen Blut dann trank.

Eines Tages ändert sich alles sehr,
Pudeldame Nelly kam daher.
Bello geriet außer Rand und Band,
weil Nelly er so reizend fand.
Auch Nelly von Bello sehr angetan
eine schöne Freundschaft gleich begann.
Das Beste aber war sowieso
auch Nelly hatte einen Floh.
Dieser Floh, eine junge Dame,
hieß Polly, ein schöner Name.
Um Maxis Herz war es gleich geschehen,
denn Polly war schön anzusehen.

Ihre Sprungbeine, lang und filigran,
sie machten Maxi so richtig an.
Aber leider, seine Schüchternheit
brachte ihn bei Polly gar nicht weit.

Doch Bello war ein kluger Hund
und ging der Sache auf den Grund.
„Maxi, zeige Polly einen deiner Sprünge,
den außer dir keinem anderen gelänge.
Der einzige Floh, der einen doppelten Salto kann,
und sie wird sehen, Maxi ist ein toller Mann.“
Nach diesem Sprung war auch Polly klar,
dass Maxi für sie der Beste war.

Eine Wolfsmahlzeit

Ein Wolf in seiner großen Gier
riss ein Schaf und fraß das Tier.
Als er dann gesättigt war
und sein Mahl genossen,
ein Jäger mit der Flinte da
und hat den Wolf erschossen.
Da krachte es laut im Geäst,
ein schwerer Ast den Jäger traf.
Der Jäger liegt nun tief und fest
im ewiglichem Dauerschlaf.

So starben hier in kurzer Zeit,
drei Wesen für `ne Wolfsmahlzeit.

Die kleine Maus

Klein war sie, mit dünnem Schwanz,
so huscht sie durch das Leben.
Auf Lauer liegt der Kater Franz
und will den Tod ihr geben.
Aber immer hat sie es geschafft,
ins Mauseloch zu entfliehen.
Voller Wut faucht Franz mit aller Kraft,
weil er vorm Loch dumm muss stehen.
Sein Frauchen ist ihm auch schon böse,
die Maus muss weg, ist die Devise.

Der Kater legt sich auf die Lauer,
an jedem Tag und in der Nacht.
Jedoch die Maus, Sie ist schlauer,
ein neues Loch war schnell gemacht.
Nun schaut die Maus aus sicherer Ferne
auf Kater Franz, er sieht sie nicht.
Auch Greifvögel haben Mäuse gerne,
kleine Mäuse sind ihr Leibgericht.
Ein alter Bussard kam, er war sehr schnell,
verspeiste die Maus gleich auf der Stell.

Epilog:
Oft schaurig gehts im Leben zu,
das Schicksal gönnt dir keine Ruh.
Und wie immer, so will es mir scheinen,
trifft es die Armen und die Kleinen.

Eine kleine Katzen-Geschichte

Krüselotte und Ellison

Diese zwei sind ein Katzenpärchen,
leben zusammen wie im Märchen.
Krüselotte ist creme und weiß gefärbt,
die Farbe von ihrer Mutter geerbt.
Irgendwann sagte einer mal o je,
„die Katze sieht aus wie Doris Day."
Gleiches geschah mit dem grauweißen Kater,
auch seine Farbe war die vom Vater.
Dazu hat ein anderer gesagt,
„wie Gary Grant, wenn ihr mich fragt."
Und so lebt ein filmschönes Katzenpaar
bei der Familie, Jahr für Jahr.

Heut war Opa zu Besuch gekommen
und auf der Couch gleich Platz genommen.
Geschirr mit Kuchen auf den Tisch,
Kaffee gebrüht, Aroma frisch.
Als Opa niest, Gary Grant erschrickt,
sofort der Kater ausgetickt.
Mit einem Satz, er wollte fliehen
und hat die Kanne übersehen.
Sie fiel gleich um und ist zerbrochen,
schnell sich Gary Grant verkrochen.
Heißer Kaffee lief auf Tisch und Boden,
beschmutzte Couch und Opas Loden.

Das große Drama jetzt begann!
Es lief herbei der Ehemann,

wollt helfend schnell zur Stelle sein,
da rutscht er aus, bricht sich ein Bein.
Seine Frau gerät in Panik nun
und fragt den Opa, was zu tun.
Auf dem Boden liegt ihr Ehemann,
der flucht und schimpft so laut er kann.
Opa sagt: „Er muss ins Krankenhaus,
sein Bein braucht Gips, ich kenn mich aus.
Eins, eins, zwei die Notrufnummer
und schon bald vergeht dein Kummer.“

Blaulicht vor dem Fenster flimmert,
Ehemann noch leise wimmert.
Der Notarzt erkennt gleich auf der Stell,
hier braucht man Gips und das ganz schnell.
Eine Spritze noch, denn Schmerzen plagen,
dann gehts ab mit dem Krankenwagen.
Der Opa aber, so soll es sein,
mit beiden Katzen ganz allein.
Da denkt er sich, was soll der Quatsch
und räumt weg den Kaffeematsch.
Mit Doris Day und mit Gary Grant
ist auf der Couch er eingepennt.

Und die Moral von der Geschicht‘:
Unverhofft ein Bein zerbricht.

Eine Hündin namens Lilli

Sie ist schwarz und sehr agil,
gut gelaunt und mopsfidel.
Hexe Lilli war der Namensgeber
und frisst am liebsten Wurst mit Leber.
Lilli ist wachsam und stets bereit,
auf Kinder zu achten, jederzeit.
Ja, die Lilli, sie ist ein großer Schatz,
hat in der Familie ihren Platz.

Neulich, da gab es ein Erlebnis,
mutige Lilli, das Ergebnis.
Am helllichten Tag, man mag es kaum glauben,
wollt uns wahrhaftig ein Dieb berauben.
Es war sehr warm, wir saßen im Garten,
als er gedacht, den Bruch zu starten.
Lilli merkt`s und rennt ins Haus,
verbellt den Dieb, der nimmt Reißaus.
Aber Lilli jagt ihm hinterher
und beißt den Dieb, es schmerzt ihn sehr.
Mit einem Satz über den Zaun
ist der Dieb schnell abgehaun.

Danke liebe Lilli.

Ein Schmetterling namens Waldemar

Ein Falter namens Waldemar,
von der Gattung Admiral,
hatte einen großen Freund,
Gerd, ein Pferd, ist hier gemeint.

Am liebsten und ganz unbeschwert
sitzt er auf dem Kopf von Gerd.
Wie lustig ist es anzuschauen,
Gerd mit seinem Falterclown.

Wenn Waldemar von ihm flattert,
er für Gerd schnell ergattert,
wo es gibt das beste Grün
führt Pferd Gerd sofort dahin.

Einem Vogel störte die Idylle,
den Falter fressen war sein Wille.
Er flog von hinten beide an,
landet auf Gerds Rücken dann.

Doch Gerd erkannte seine Absicht
und dachte gleich „der ist nicht dicht."
Mit seinem Schweif er ihn vom Rücken fegt,
ein Vogel betäubt im Grase liegt.

Die beiden traben fröhlich weiter,
nur der Vogel fand es nicht heiter.
Ein Pferd, ein Falter, Freunde im Leben,
auch in der Tierwelt kann es das geben.

Die Zecke

Eine Zecke saß im grünen Gras
und wartet auf den nächsten Spaß.
Ein junger Mensch sollte es sein,
denn junges Blut schmeckt ungemein.
Da, das grüne Gras es hat gezittert,
die Zecke schon ein Opfer wittert.
Doch leider wars nur ein alter Mann,
an dessen Bein sie klebte dran.
Sie stach ihn schnell, es floss das Blut,
doch das bekam ihr gar nicht gut.
Denn Blutdrucksenker und Kalzium
brachten gleich die Zecke um.
Sie fiel ins Gras, war mausetot,
ein Fleck am Bein purpurrot.

Der Storch

Ein alter Storch, schon etwas schwach,
stand an einem klaren Bach.
Paul Frosch kam an und fragte keck,
„Na, du alter Hüpferschreck."
Da sprach Franz Storch: „Hast du ein Glück,
verputzte grad in einem Stück
einen dicken Frosch, es war eine Frau."
„Stimmt war meine, ich sah es genau.
Aber schau einmal, wie ich mich freue,
hüpf gleich los, such mir eine Neue."
Doch kaum ist der Paule in der Luft,
hat der Storch, der alte Schuft,
mit seinem Schnabel zugepackt
und den Frosch gleich eingesackt.
„Fliegt ein Frosch, muss ich mich nicht bücken,
ist es gut, denn ich hab –Rücken-."
Zufrieden stakst der Storch davon,
zwei Frösche reichen ihm heute schon.

Und die Moral von der Geschicht':
Allzu keck lohnt sich nicht.

Der Spatz

Ein kleiner Spatz in großer Hast
fliegt besorgt von Ast zu Ast.
Seine Spätzin ließ er kurz allein,
nun ist sie fort, das kann nicht sein!
Er flattert hin, er flattert her,
doch seine Spätzin gibts nicht mehr.
Er weiß noch nicht, dass er betrogen,
ein fremder Spatz kam vorbeigeflogen
und zwitscherte seine Spätzin an,
sie gab nach, flog mit ihm dann.
Doch was die beiden nicht bedacht,
das Grauen schleicht oft durch die Nacht.
Ein Kater aus dem Nachbarhaus,
machte beiden den Garaus.

Und die Moral von der Geschicht':
Untreue lohnt sich nicht.

Der Angler

Es schwamm in einem klaren Teich
ein fetter Barsch sehr Schuppenreich.
Ein Angler, der vorbeigekommen
den Armen gleich aufs Korn genommen.
Sofort packt er seine Angel aus,
wirft Schnur und Köder weit hinaus.
Als kurz darauf er einen Ruck verspürt,
wird die Angelschnur zurückgeführt.
Doch anstatt des Barsches ein alter Schuh,
da verlor der Angler seine Ruh.
Wütend wirft er ihn zurück in den Teich,
eine laute Stimme ihn erreicht.
Umwelt verschmutzen, du musst berappen,
50 Euro für den alten Schlappen.
Ein Polizist ihn zu sich beordert
und die Gebühr eingefordert.
Grollend packt der Angler alles ein
und fährt ohne Fisch wieder heim.
Zu essen gibt es Rührei mit Spinat
und fünfzig Euro weg, in der Tat.
Im Teich ein Barsch der Pfanne entronnen,
weil ein Angler sich hat nicht benommen.

Canis Lupus Lupus

Der Wolf

Stille, der nächtliche Wald liegt in Schweigen,
Wind tanzt mit den Blättern seinen Reigen.
Eine Fähe streift durch die dunkle Nacht,
diese Wölfin ist auf Beute bedacht.
Da ihre Welpen immer sehr hungrig sind,
hält sie die Nase in den kühlen Wind.
Der Wind trägt ihr den Duft einer Beute zu,
ein krankes Wildschwein, sie reißt es im Nu.
Für ihre Welpen sorgt die Fähe allein,
denn ihr Rüde wird nie mehr bei ihr sein.
Der Arme ist in eine Falle geraten
und wurde erschlagen mit einem Spaten.
Obwohl der Wolf die Menschen tunlichst meidet,
ist es der Mensch, der sein Revier ihm neidet.
Dabei hält er doch Ordnung in seinem Revier,
labt sich am schwachen und kranken Getier.
Also Mensch denk daran, vom Wolf stammt der Hund,
der dich treu begleitet zu jeder Stund.
Bedenke, wenn du auf der Jagd wieder bist,
dass auch der Wolf ein Geschöpf Gottes ist.

Das Rotkehlchen

Ein Vogel flog in meine Nähe,
und schaute mir beim Fegen zu.
Ich tat, als ob ich ihn nicht sähe,
und ließ dem Vogel seine Ruh.

Doch wie ich auch den Besen lenkte,
der Vogel, er blieb einfach da.
Als ob er seine Zeit mir schenkte,
er blieb bei mir und das ganz nah.

Da legte ich den Besen nieder,
und schaute mir den Vogel an.
Die Blicke aus dem Farbgefieder,
sie nahmen mich in ihren Bann.

Es schien, als wollten sie mir sagen,
du bist so groß und ich bin klein.
Ich wünsch mir, dass an allen Tagen,
wir beide gute Freunde sein.

Ich danke Dir mein gefiederter Freund.

Monk, der Ziegenbock

Bauer Fröhlich hatte 20 Ziegen
und einen stolzen Ziegenbock.
Ein starkes Tier, kaum zu besiegen,
sein Bauer nannte ihn „the Rock."
Mit breiter Brust und starkem Horn
war er der King der Herde.
Und nimmt sie einer mal aufs Korn,
stößt Monk ihn gleich zur Erde.
Ließ Herr Fröhlich mal den Hof allein,
dann konnte er sich sicher sein,
sein Monk besser war als jeder Hund,
denn kam ein Dieb, dann ging es rund.

Einer hat es mal versucht,
das ist ihm schlecht bekommen.
Monk hat ihn sofort besucht
und auf sein Horn genommen.
Der Dieb schrie laut und nahm reiß aus,
aber Monk gleich hinterher.
Die wilde Jagd ging um das Haus,
plötzlich sah man ihn nicht mehr.
Ein großer Platsch, ein irrer Schrei,
laut brüllt der Dieb, „Sauerei."
So ein Pech, denn der böse Bube
fiel pardauz in die Güllegrube.

Und die Moral von der Geschicht':
Unterschätzt Ziegenböcke nicht!

Sam, der Alligator

In den Everglades in Florida
gibts Alligatoren, das ist wahr.
Sie lauern stets und sind auf Draht,
wenn sich ein Opfer ihnen naht.
Auch Sam war so ein gieriges Wesen,
fraß alles ohne Federlesen.
Plötzlich hört Sam plitsch und platsch,
jemand kam da durch den Matsch.
Ein Mensch verflucht die Mückenschar,
nichts ahnend von der Beißgefahr.
Sam duckt sich tief im feuchten Sumpf,
die Zähne sind sein größter Trumpf.
Sam taucht auf, der Mensch erschrickt,
als er das Krokodil Sam erblickt.
Sam beißt zu, doch ach o weh,
Zähne bersten o jemine.
Der Mann, ein alter Veteran,
trug `ne Prothese aus Titan.
Das hat Sam wohl nicht bedacht,
viele Zähne sind gekracht.
Wütend taucht das Tier gleich unter,
der Mensch freut sich, denn er bleibt munter.

Ein Krokodil

Es gab ein grünes Krokodil,
das sonnte sich am blauen Nil.
Ein Fischer, der dort kam vorbei,
hieb das Krokodil entzwei.
Nun sonnen sich am blauen Nil
zwei Hälften von dem Krokodil.

Kurt Guske

Der Bergmannssohn **Kurt Guske** wurde 1944 als sechstes Kind von neun in Bottrop geboren, wo er heute noch lebt. Sein bewegtes Berufsleben als Chemiefacharbeiter, Privatermittler und Pharmareferent findet sich in seinen Büchern (Romane, Kinderbücher, Kurzgeschichten und Gedichte) stets wieder.

Im Gill-Verlag erschienen von Kurt Guske folgende Bücher:

„Unser Hinterhof", Heimatgedichte, 2021
„Die kleine Schneeflocke Sternenschein", Kinderbuch, 2021
„Wie der Weihnachtsstern seinen Schweif bekam", Kinderbuch, 2022
„Affenärger", Tiergedichte, 2023